AF330587

PÉTITION

AU ROI, A LA NATION ET AUX CHAMBRES.

PÉTITION

AU ROI, A LA NATION ET AUX CHAMBRES,

SUR

L'INCONSTITUTIONNALITÉ

DE LA FORME ACTUELLE

DE LA REPRÉSENTATION COLONIALE.

———————◦◦◦———————

PARIS.

VINCHON, Fils et Successeur de Mme. Vc. BALLARD,
Imprimeur, rue J.-J. Rousseau, No. 8.

1832.

PÉTITION

Au Roi, à la Nation et aux Chambres.

Inauditus ne condemnetur!

Les colons protestent devant le Roi, la Nation et les Chambres, de l'inconstitutionnalité de toute loi discutée et *faite* pour eux, en l'absence d'une représentation coloniale dans la Chambre des députés.

Ils s'expliquent catégoriquement sur ce qui les détermine à protester de la haîne qu'on porte à leurs personnes, aussi bien qu'à pétitionner contre le mépris que l'on fait de leurs droits.

On l'a dit avant nous : Est-ce donc pour les seuls colons, pour ces Français seulement que la Charte cesserait d'être une vérité? (*) C'est un malheur pour nous,

(*) Page 1re. d'une brochure intitulée : *De l'inconstitutionnalité de l'ordonnance concernant les Colonies, rendue le 26 février 1831, sur le rapport de M. le Ministre de la Marine;* brochure publiée en mars 1831, imprimerie de Moreau, rue Montmartre, n. 39.

Cette brochure combat victorieusement et le rapport et l'orc'est une honte pour d'autres qu'il y ait lieu de le répéter, à l'occasion d'une injustice flagrante dont nulle raison ne justifie la nécessité, dont aucun motif plausible n'autorise la continuation.

Où sont, dites-le-nous, les départemens de France que l'on oserait frustrer de la faveur des discussions parlementaires, ou qui, dans ce cas, voudraient aujourd'hui se soumettre aveuglément aux lois qu'on leur imposerait sans l'intervention de leurs représentans ? Il n'en est pas. Eh bien ! pourquoi le département des Colonies serait-il donc le seul exclu d'un droit acquis à toute la France par la constitution actuelle du royaume ? Serait-ce à cause des dix-huit cents lieues qui l'éloignent de la capitale ?..... la raison en serait absurde. C'est par-là surtout qu'il a besoin d'intermédiaires.

La Corse est moins lointaine, à la vérité, mais elle n'est pas plus que nous partie intégrante du royaume. Elle a fourni, nous le savons, l'homme aux trente ans de victoires.... Mais la Martinique n'a-t-elle pas donné

donnance qu'il a plu à M. d'Argout, avant de céder le portefeuille de la Marine, de lancer dans les roues de la machine coloniale, à rebours de l'esprit de la Charte. Ce qui prouve, selon nous, que messieurs les ministres, tout responsables qu'on veut bien les faire, savent se moquer, quand ils veulent, ou se sentent appuyés, de la constitution et de ses principes, surtout à l'égard des Colonies. Oui, il le paraît, en effet, ces malheureuses Colonies sont hors la loi ; c'est à qui courra sus ! ...

M. d'Argout ne serait-il pas, par hasard, de la religion de ce peuple grossièrement prudent, dont la seule adoration est au Diable, pour qu'il ne lui fasse pas de mal ? Il a craint, sans doute, que les nègres, qui ne sont pas *moins diables que noirs*, ne lui tordissent le cou s'il ne faisait quelque chose pour eux, même inconstitutionnellement.

à l'empire une compagne dont la bonté d'ange et la clémence d'impératrice sont chères à tous les souvenirs!... N'a-t-elle pas donné encore son prince Eugène, émule et modèle de tant de braves..... lui aussi, le fils de l'homme ?.....

Certes, nous ne demandons pas que, pour s'éviter de faire des lois en aveugles, ceux qui s'ingèrent dans les affaires d'un pays qu'ils ignorent, fassent exprès le voyage et traversent les mers pour venir nous consulter sur nos besoins et faire connaissance avec nos localités et nos hommes. Ce serait là peut-être une de leurs obligations... Mais qu'ils restent chez eux, qu'ils occupent honorablement le poste où la confiance de leurs concitoyens les a placés; rien de mieux. Ce que nous croyons seulement pouvoir exiger avec instance, c'est qu'il nous soit enfin permis, à nous autres Français comme eux, de partager avec eux la tribune parlementaire, et d'y faire retentir, par l'organe de nos députés, l'accent de la franchise et de la vérité sur des intérêts que ceux-ci connaissent, sur des besoins qu'ils éprouvent.

Eh quoi! enfans d'une origine commune à celle des métropolitains, les colons seraient-ils considérés comme de vils troupeaux abandonnés à la garde des loups, comme de misérables orphelins livrés à l'animadversion, tout au moins à l'insouciance d'une patrie marâtre? Non, ils s'énorgueillissent à trop juste titre d'appartenir à la France par les liens indissolubles et sacrés de la nationalité, pour craindre qu'elle les renie et les voue à l'irrascibilité et aux entreprises d'un parti, qui cherche à les avilir pour égarer l'affection de leurs compatriotes.

Nous repousser du sein de la Chambre nationale c'est exercer sur nous une rigueur despotique; résister ainsi à notre égard aux améliorations que la Charte de 1830 a fait subir à la constitution bâtarde de 1814, c'est nous en déshériter par un acte de répudiation insigne, arbitraire, hostile aux principes de la constitution actuelle, et qui, d'avance, frappe d'illégalité tout ce qu'une puissance législative incomplète ferait pour nous, même avec impartialité (*).

Osons même le dire : cette exclusion des avantages que garantit à tous les Français leur gouvernement représentatif, tel qu'ils le comprennent maintenant, serait la plus hardie comme la plus funeste des innovations; une blessure faite au cœur de la Charte, dont les terribles conséquences couvriraient tôt ou tard d'opprobre et d'infâmie quelques hommes présomptueux qui l'auraient ainsi voulu en haîne de nos anciennes institutions, comme au mépris de nos droits nouveanx.

Il semble vraiment que les têtes les plus fortes et les mieux organisées, troublées tout à coup par les rêveries de quelques affranchis, aient pris pour règle de condnite l'égoïsme de ceux-ci, et pour raison de juger de nos choses, leur démence récriminatoire! (1)

Admirons, en effet, combien l'on se hâte d'en venir aux matières coloniales (**). La France, à l'intérieur,

(*) La brochure dout nous venons de parler, pour ne s'être occupée que d'un reproche spécial, n'en était pas moins une mise en demeure virtuelle et raisonnée, sur l'inconstitutionnalité dont on faisait état contre les Colonies. Mais *cantavit vacuum coram judice populo!* non pas devant le peuple français : il est trop bon juge. *Vox populi, vox Dei;* c'est surtout de sa grande voix qu'on peut le dire, et nous n'entendons encore de toutes parts que des hennissemens de mulets.

(**) Ceci a été écrit le 1er. janvier 1832, au moment où l'on

souffre , se plaint, s'impatiente même du provisoire de ses institutions. Sur sa politique extérieure pèse une immense responsabilité, la pairie est en demeure, Varsovie aux abois.... N'importe; c'est à l'amour-propre de quelques mulâtres qu'on pousse à faire les honneurs des prémices de la Chambre nouvelle!.... En vain emprunte-t-on l'intérêt général des Colonies, nous ne sommes pas dupes de ce prétexte. Pouvons-nous donc croire à une préférence désintéressée... Non, non; cet empressement qui fait négliger des intérêts plus majeurs, qui méconnaît les formes parlementaires et enjambe sur nos franchises constitutionnelles, pour en venir à des actes prématurés, cet empressement s'accuse de passion et d'injustice. Il est par-là quelques Grecs dont nous devons redouter le funeste présent d'une législation *ab irato*..... Ah! qu'ils gardent pour d'autres leur cheval de bois aux flancs perfides!... (2)

Les colons blancs, nous le voyons, sont des ennemis plus commodes que les Russes. Les pairs sont sur le terrain; les faubourgs hurlent non loin de la Chambre...... Frappez, frappez sur ceux qui ne peuvent s'y faire entendre!... Cela n'est guères généreux!.... Le reproche est-il trop peu pour vous arrêter? Eh bien! arrière, messieurs, cela n'est pas légal!...

Les Colonies ont le droit d'être représentées dans la Chambre des députés. Il est utile pour la France, indispensable pour elles-mêmes qu'elles y soient représentées.

apprenait à la Martinique, par les journaux, les premiers travaux de la dernière session des Chambres. La publication a été retardée par la clôture qui a eu lieu presqu'au moment où cet écrit arrivait en France pour être imprimé.

La Charte de 1830 leur a créé ce droit ; les mensonges des ennemis des Colonies leur ont fait de ce droit une nécessité.

Cette nécessité, c'est la même qui commande aux juges d'écouter les deux parties, avant de prononcer sur leurs intérêts.

Ce droit, il est écrit dans la Charte de 1830 ; lisez : « *Les Colonies sont régies par des lois particulières.* »

On ne rencontre dans ces expressions, ni le vague ni l'ambiguité de l'article 73 de la Charte de 1814 ; elles ont un sens positif, invariable.

Comment donc est-on parvenu à se faire illusion sur un pareil texte, jusqu'au point de se livrer, sans nous, à la discussion de nos lois? C'est que l'esprit de parti domine évidemment celui de la Charte.

Et d'abord, écoutez M. de Tracy. Cet honorable député propose le Code noir travesti, comme un fruit nouveau de son génie philanthropique. Croyez-vous qu'une seule voix s'élève pour annoncer que ce qu'il propose existe déjà ; que la raison, l'humanité, l'intérêt des colons, si l'on veut, ont fait depuis long-temps au siècle sa part du Code noir ; que ce qui en reste ici, dans le sens même dn projet, *vaut mieux* que ce que l'on propose là-bas ; qu'il faudrait enfin rétrograder de quelques centaines d'années pour se mettre en harmonie avec ce beau projet? Pas du tout ; on a trompé M. de Tracy, et trompé il demeure au milieu de ceux qui ignorent comme lui ; de ceux qui, mieux instruits, sont intéressés dans l'erreur ; de ceux enfin à qui peu importe...... l'intérêt ou l'insouciance.

Cependant le ministère, qui pourrait bien être quelque peu responsable, voudrait, mais n'ose s'interposer. Encouragé à demi par quelques voix rares et incertaines, il ne parvient que tout juste à faire ajourner la discussion du projet Tracy ; néanmoins, il mettait en avant un projet des mêmes lois, parlait de la préférence que devait avoir le travail d'une commission instituée *ad hoc*, faisait valoir de plus des considérations d'urgence pour la France elle-même....., se réclamait surtout des règlemens. Personne, encore une fois, qui songe à opposer à la discussion, à la prise en considération, le véritable motif d'ajournement.... l'illégalité ! Cela prouve assez clairement, à notre avis, qu'il manque à la Chambre quelque chose d'essentiel quant à la matière coloniale, une opposition, un adversaire, des renseignemens ; qu'il manque enfin à la Chambre que quelques milliers de bons Français y soient représentés, pour être tenus de lois qu'ils auront alors dûment et loyalement débattues.

Et cette Chambre, qui se laisse ainsi manquer de l'un des élémens constitutifs des lois qu'elle fait selon la Charte, est composée en grande partie des membres de la précédente, qui ont *voulu, dans la Charte, que les Colonies fussent régies par des lois* !... Qu'ils soient donc conséquens avec leurs propres principes, ou qu'ils nous disent qu'il y a deux manières de faire des lois ; alors nous leur rappellerons cet axiôme fondamental, quoique vulgaire : *Donner et retenir ne vaut.*

Que si la Chambre, mandataire bénévole, se montrait bienveillante à nos intérêts, ou qu'elle n'usât qu'avec impartialité de l'étrange pouvoir qu'elle s'est créé à notre égard ; que si nous y entendions le pour et le contre, et voyions au moins quelquefois entre le pour et le contre jaillir la lueur d'une donnée rationnelle sur les Colonies... à la bonne heure ! Mais au présent, rien de cela! Dans le passé, qu'avons-nous vu? Un ministre assez osé pour lancer son arbitraire ordonnancé dans la législation coloniale (*); une Chambre qui le souffre et même y applaudit!... Ah! ce souvenir fait mal... Nous ne pouvons partager cet insultant oubli de nos droits! Pour l'avenir, du moins, appelons-en à Philippe et à la Nation.

La Charte de 1814 disposait :

Article 73 : « Les Colonies sont régies par des lois et » des règlemens particuliers. »

Article 16 : « Le Roi propose la loi. »

Sous l'influence de l'art. 16 de cette constitution biforme, la restauration avait pu asservir les colonies au bon plaisir du ministre de la marine, et les tenir dans le régime exceptionnel des règlemens.

L'art. 16, comme on vient de le voir, *réservant au Roi seul la proposition de la loi,* il était facile de soustraire l'administration coloniale à la Chambre législative : il n'y avait qu'à ne jamais proposer de lois pour les Colonies, qu'à procéder, ainsi d'ailleurs qu'on le pratiquait, par ordonnances royales.

Inutile alors que les colonies fussent représentées dans la Chambre des députés : tout se passait au ministère (3) : là résidait, quant à nous, le seul pouvoir législatif. Or, nos délégués ou représentans avaient accès auprès de ce pouvoir ; nous avions donc alors au moins une ombre de représentation.

Mais aujourd'hui :

« *Les Colonies sont régies par des lois particulières.* » (Art. 64 de la Charte de 1830.)

(*) Ordonnance royale du 26 février 1831.

« *Les Colonies sont régies par des lois.* »

Plus d'article 16, plus de règlemens, mode unique ; nous rentrons dans le droit commun.

Or, le droit commun public des Français est d'avoir une représentation dans la Chambre. Pour savoir si nous avons droit à cette représentation, la seule question est claire, une question de nationalité. Voyons, sommes-nous Français, oui ou non ?....

Depuis long-temps on a cessé de fait de nous traiter comme tels, l'habitude en est prise ; mais il faut qu'on en revienne. Le titre de Français est assez beau pour que nous tenions à le revendiquer, avec la gloire qui l'environne et les prérogatives qui y sont attachées (4).

Et que l'on ne croie pas que chez nous, au sentiment du droit, ne se joignent pas toutes les convictions !... L'intérêt que nous avons à la chose ne nous donne pas une habileté privée ; la seule bonne foi, chez nous, pouvait suffire à démontrer qu'il est de notre devoir, comme de cet intérêt, de conserver à la France ses belles et florissantes Colonies dans nos mers. Anathème aux perfides qui cherchent à les lui faire perdre !.... ceux-là ne sont ni colons, ni Français.

En résumé, sous le mécanisme de la constitution de 1814, s'il pouvait suffire à nos intérêts comme à nos besoins que nous fussions représentés auprès du ministère, c'est-à-dire du seul pouvoir législatif dont nous dépendissions alors ; ce pouvoir ayant changé sous l'influence de la Charte de 1830, pour passer tout entier dans la Chambre, doit y être suivi par notre représentation.

Mais, nous dira-t-on, vos lois doivent être *particulières ;* elles sortent de la commune catégorie. Non ;

le caractère que donne à ces lois le mot *particulières*
ne touche point à la forme, encore moins à la seule
manière dont en France, désormais, on puisse faire
des lois, sans soulever une seconde fois tous les pavés de
Paris !

Par des lois particulières, le législateur a voulu que
l'on entendît des lois proposées, discutées comme toutes
celles qui se font aujourd'hui, et dont elles ne doivent
pas perdre le caractère général ; seulement elles seront
appropriées aux localités des Colonies: c'est là sa pensée,
il n'en a pas eu d'autre.

Il n'a pas voulu que les Colonies, si différentes de la
France par le sol, le climat, les habitudes, les besoins
et les urgences administratives, reçussent des lois com-
munes, c'est-à-dire, conçues sur une échelle tout-à-fait
étrangère à leurs proportions, à leur nature et à leur
situation transatlantique.

Il n'a pas voulu qu'une société composée d'élémens
hétérogènes, et, en quelque sorte, d'incompatibilités
essentielles, comme l'est la société aux Colonies, fût
administrée comme le reste de la France ; et nous tirons
de cette distinction judicieuse, de cette prévoyante sollicitude de sa part, la plus puissante induction dé la
nécessité où se trouve la Chambre d'appeler aux débats
de nos lois des mandataires capables de l'éclairer, et
d'opposer les vérités fondamentales d'une organisation
conservatrice à toutes les erreurs, les préventions et les
inepties de ceux qui, ne connaissant rien au mécanisme
de la machine coloniale, tendraient indubitablement à la
détruire.

Le législateur a donc, avec autant de bienveillance que
de sagesse, pressenti le danger de lois qui ne seraient

pas en rapport avec le pays qui devait les recevoir; il **a** donc reconnu la susceptibilité de la société à laquelle on les imposait, et la juste conséquence, la conséquence nécessaire d'une défense pareille, était de recommander un soin *particulier* dans la rédaction de ces lois.

Et c'est en privant ces lois de l'une des plus puissantes garanties de la loi; c'est en les dépouillant de l'un des élémens constitutifs des bonnes lois, c'est-à-dire, la participation à leur discussion de ceux qui doivent en être tenus. que l'on veut comprendre la pensée du législateur !.... Mais, en vérité, le bon sens a-t-il pris congé de toutes les têtes et la bonnefoi de tous les cœurs? Quoi! cette pensée si explicitement renfermée dans l'expression de *lois particulières*, peut-elle être en conscience interprétée autrement qu'en esprit de faveur pour nous ? De là n'est-il donc plus de principe, que lorsqu'une disposition législative a pour but de favoriser quelqu'un, on doit, dans l'interprétation, éviter à l'égard de celui-là tout ce qui pourrait tendre à préjudice et sévérité (*).

Hélas! nous le craignons bien, on a judaïquement étouffé l'esprit avec la lettre; mais l'on rendra à la Charte son essence vitale, sa bienveillante intelligence. Impossible que la Chambre, avertie, souffre que son œuvre d'hier soit aujourd'hui violée, même à l'égard des Colonies. Législateur elle-même, elle comprendra que jamais, *dans son sens*, les Colonies n'auront de *lois particulières* que lorsqu'elles en auront débattu et dirigé l'esprit et la rédaction.

(*) *Nulla juris ratio œquitatis benignitas patitur quœ salubriter pro utilitate hominum introducta sunt, ea nos duriore interpretatione contra ipsorum commodum producamus ad severitatem.*
L. 25, ff., de legibus.

Il en est de même des autres objections , disons mieux, des autres prétextes. Quoi qu'il en soit , parcourons-les ; car, par cela seul qu'ils sont possibles, ils deviennent probables contre nous.

1°. *Sur cent projets offerts à la discussion dans la Chambre, à peine y sera-t-il question une fois des Colonies.*

Qu'importe ; il suffit d'une seule fois pour admettre la députation coloniale. Cette seule fois détermine l'admission, en donnant lieu à l'exercice du droit.

Et d'ailleurs , qui prouve que la plupart des lois proposées dans la Chambre pour la France , et même que la somme entière des intérêts qui y sont débattus, soient si étrangères à l'intérêt colonial ? Les lois fiscales, celle de la douane, par exemple, le tarif des droits à l'importation et l'exportation, le budget, la paix, la guerre, tout, ou presque tout, offre une connexité parfaite avec les intérêts des colonies. Enfin, chaque jour, Dieu merci, l'on s'occupe dans la Chambre de ces derniers intérêts , et cette intermission se justifie par le droit né de la nationalité (5).

Eh bien ! nous le demandons à notre tour : si la seule nationalité donne aux uns le droit de se mêler des affaires des autres, comment se ferait-il que cette même nationalité ne valût pas à ceux-ci le droit réciproque de s'intéresser aux affaires des premiers, notamment sur des questions ayant trait aux avantages généraux que peut procurer, aux uns comme aux autres, la prospérité du commerce et de la marine ?

Il serait donc plus que rigoureux d'exclure la représentation coloniale du débat des intérêts généraux : *Summum jus, summa injuria!*..... Il est conséquemment odieux qu'elle ne soit pas encore admise à faire apprécier et valoir ses intérêts particuliers.

2°. *La distance où les mandataires se trouveront des mandans, rendra illusoire la présence, dans la Chambre, des députés coloniaux. Pourquoi compliquer le personnel et les ressorts de la discussion, par une représentation qui, la plupart du temps, flottera incertaine entre l'opportunité ou l'inopportunité, quant aux Colonies, de presque toutes les mesures législatives débattues dans la Chambre?*

Qu'importe encore? La Chambre, la Nation et le Roi ont créé un droit; en le créant, ils se sont obligés solidairement par la Charte, d'aider aux voies par lesquelles il peut être exercé; de se soumettre aux conséquences de l'exercice qui en aurait lieu. A nous seuls appartient d'y renoncer.

A nous aussi d'en user dans les bornes du possible. Elles sont larges en effet; qu'on distingue. S'agira-t-il de matières évidemment étrangères aux Colonies? leurs mandataires trouveront dans la pratique ordinaire des convenances, une sage et discrète réserve; leur rôle sera déterminé par les circonstances. Et d'ailleurs, encore une fois, pourquoi leur refuserait-on dans la chose française cette active sollicitude qu'inspire à tous les cœurs bien nés l'amour de la patrie? C'est un sentiment qu'ils savent éprouver.

S'agira-t-il, au contraire, d'une matière spéciale aux Colonies? ces mêmes mandataires, habiles à la discuter, seront au moins sur le terrain de l'attaque. Que l'on ne craigne point de se commettre : là, aux violentes clameurs d'une aveugle prévention, au fiel amer d'une haine systématique, aux passions tumultueuses de l'esprit de parti, à l'ignorance enfin qui éclate sur les choses d'outre-mer, ils n'opposeront que le calme de l'innocence faussement accusée, la sagesse et la dignité d'une défense légitime fondée sur de réelles investigations. Ils *seront sages....* leur présence aux débats sera pour tous une consolante garantie de l'équité des mesures législatives auxquelles nous devons être soumis.

Dussent nos mandataires, éloignés comme ils seront du foyer des renseignemens, n'être pas toujours préparés à fond sur les graves matières qui pourraient être agitées, que ce serait au pouvoir à ajourner le débat, sinon d'une session à l'autre, du moins à délai suffisant pour laisser consulter et verser les renseignemens, entre la proposition et la discussion.

Et que l'on ne prenne point cette mesure pour une téméraire exigence, la prudence d'abord la commande. Les bonnes lois ne s'improvisent pas ; les meilleures sont celles que le temps amène à leur maturité. Ensuite le droit existe, il faut qu'il s'exerce ; il faut même n'en pas rendre l'exercice illusoire.

Sans cela, l'on sortira violemment de l'ordre légal dans lequel, dit un orateur, on était rentré par rapport aux Colonies (*).

Maintenant qu'il est suffisamment démontré ce droit établi par la Charte pour les Colonies, droit dont aucun acte postérieur ne les a déshéritées, nous sera-t-il donc si difficile de faire comprendre qu'au milieu des attaques violentes, des clameurs dont elles sont l'objet dans les journaux, les pamphlets, et au sein même de la Chambre,

(*) Nous sommes rentrés dans la légalité par l'art. 63 (de la Charte), en disant que les Colonies sont régies par des *lois* particulières.

(Rapport de la commission, par M. Dupin aîné.)

il faut qu'elles l'exercent sous peine de ruine et de mort ? Non, la tâche est facile : qui ne connaît d'avance l'urgente nécessité qu'on nous a faite de nous défendre ?

Une considération simple et naturelle se présente tout d'abord, pour recommander notre vœu déjà si légitime à cet égard.

Dans le litige né dans les procès ordinaires sur les intérêts, n'est-ce pas une connaissance exacte des faits qui mène à établir le droit ? S'est-on jamais avisé d'appliquer la loi avant un débat soigneux, qui ne laisse plus aucun doute sur l'ensemble de ces faits ? Eh ! bien, lorsqu'il s'agit de créer des lois, d'en suspendre par un fil les pénalités sur une société éloignée, inconnue, en dehors de tout point de comparaison qui soit à la portée des législateurs, ceux-ci devront-ils donc mettre moins de soins, moins de scrupule, à étudier, à reconnaître les faits généraux, c'est-à-dire, les mœurs, les besoins, les localités du pays pour lequel ces lois sont à faire ; devront-ils mettre moins de précaution à les concevoir et créer que les juges n'en mettront un jour à les appliquer ? Nous ne le pensons pas. Ce serait risquer de rendre le jugement équitable impossible : le jugement pourra-t-il être en conscience, si la loi ne l'est point ?

Réfléchissez-y, les lois organiques ne sont, en général, que le calque de l'usage ; l'usage se forme et s'établit par le concours unanime. Il règne despotiquement, car il est presque toujours une nécessité d'expérience. Combien de fois devant les tribunaux n'a-t-il pas prévalu sur une loi imprévoyante ! Où en eussent été l'homme, la vie ou les intérêts des justiciables, si les juges n'avaient connu l'usage ? Où en seront nos destinées, si nos législateurs ne s'instruisent pas mieux qu'ils ne le sont sur les élémens de la société qu'ils vont organiser?

Et, en effet, pas de législation meilleure que celle qui remplace doucement les usages d'un pays, les coordonne, les règle, et finit, s'il le faut, par les changer sans secousses, en les soumettant graduellement aux principes de la morale publique. Cette manière d'agir entra dans la politique de plus d'un conquérant; l'histoire apprend qu'elle a conservé plus d'une conquête. Il serait maladroit de perdre au même jeu une portion de la patrie.

A présent, consultez-vous; êtes-vous bien sûrs d'être suffisamment éclairés sur la matière essentielle des travaux que vous vous proposez?

Or, nous le disons en vérité : une ignorance radicale des choses coloniales, d'une part, une malveillance bien prononcée de l'autre contre les personnes, se joignent au droit qui nous protége, pour repousser la manière téméraire dont on veut donner des lois aux Colonies. Les dix-huit cents lieues qui les séparent de la Métropole ne sont rien encore en comparaison de la distance morale que le mensonge et la prévention, sa fille, ont mise entre ce qui se passe ici et ce que croient les meilleurs esprits de là-bas. Il faut donc y remédier; et nous ne voyons pas de moyen plus certain, plus légal de le faire, que de recourir à la forme constitutionnelle prescrite par la Charte : une députation coloniale dans la Chambre. On parle de délégués externes, ce n'est pas la peine de payer une demi-mesure par la violation de la Charte.

Hors de cette garantie, Dieu sait quelles lois nous viendront! dans le projet de Tracy, nous en avons les avant-coureurs. Se livrer ici à l'analyse critique de cette œuvre compliquée serait, probablement, du temps perdu ou bien mal employé ; les bornes de cet écrit ne le permettent pas non plus. Néanmoins, avant de passer outre, nous cédons au désir d'en signaler une ou deux particularités. *Les actes d'affranchissement seront inscrits à la Mairie* (*). Eh ! bon Dieu, nous n'avons pas, nous n'avons jamais eu de Mairie ! *L'esclave nommé exécuteur testamentaire, légataire universel ou à titre universel, aura de plein droit la liberté* (**). Gare alors que l'impatience ne mette aux mains du donataire ses armes accoutumées....... l'arsenic et le mancenillier...... M. de Tracy a pris là l'engagement d'aller plus loin...... (6).

Et quand nous demandons à être admis à discuter et sauver des intérêts à ce point compromis, la Chambre, au sein de laquelle de telles choses se passent, taxera-t-elle d'importune notre démarche, d'inutile l'offre de nos soins? Et quand nous demandons à témoigner en personne contre les erreurs dont on l'entoure à notre sujet, nous dira-t-elle que déjà nous avons *des délégués* en France ; que le *ministère* avec lequel ils peuvent communiquer, est là pour apprécier nos intérêts et servir d'organe à nos besoins ; qu'enfin *la Chambre* nous prête la garantie de ses délibérations? Nous protesterons toujours et de l'insuffisance expérimentée, et de l'inconstitutionnalité de cette forme de représentation. Elle ne remplit pas pour nous le but d'une présence actuelle dans la Chambre.

Nos délégués!...... Supposons-les gens de tête et de capacité. Que pourront-ils jamais faire d'à-propos, du dehors au-dedans, où la matière aboutit à solution dans la course rapide d'une discussion orale? Supposons encore à leur égard les ministres accessibles et faciles. Ceux-ci,

(*) Chap. 2, art. 11, de l'Affranchissement.
(**) *Ibid.* art. 13, *ibid.*

loin de trouver une opposition suffisante à des plans que l'ambition ou de fausses vues leur auraient fait adopter, ne soumettront-ils pas, au contraire, nos délégués à une conviction contraire aux vœux, aux intérêts des mandans? Nous ne parlons pas de la séduction, nous n'y voulons pas croire. Mais, dans plus d'un cas, la paresse, les opinions, les vues personnelles, l'intérêt de deux ou trois individus peuvent assoupir à huis-clos nos plus justes réclamations, et laisser sans voix et sans satisfaction nos plus pressans besoins. Ce n'est donc pas là ce qui peut utilement remplacer le précieux exercice du droit que nous réclamons.

Le ministère?.... même inconvénient; *et vice versa.* Comment s'y fier d'ailleurs? tel n'en fait-il pas partie aujourd'hui (*), qui, naguères, nous accusait *de parquer les hommes comme des bêtes fauves?*.... (7) Mais supposons-le impartial et bienveillant. Seul il ne fait pas la loi ; loin de diriger l'opinion, il est en butte à l'opposition ; il ne vote même pas et ne saurait répondre que la majorité votera toujours pour lui. Il peut donc seulement protéger la partie intéressée, mais non la remplacer.

La Chambre!..... bien obligés. Mais c'est précisément à la Chambre mieux éclairée que nous voulons en appeler de la Chambre en erreur!...... et qui la fera sortir de son erreur, si ce ne sont les membres d'une députation coloniale, arrivant dans son sein pour y verser la lumière et les renseignemens?

Sans cette condition expresse, la Chambre semble ne se composer pour nous que d'opposition sinon d'inimitié! L'un se hâte de déserter la commission dont il est membre pour prendre les devans et offrir son œuvre partiale avant

(*) Ceci s'appliquait à un des ministres qui vient d'être remplacé.

le travai confié à la commission au sujet des Colonies ;
l'autre voudrait bien garder un juste milieu entre la Charte
et le commune haîne, mais il est entraîné, et, cédant au
torrent, il nous traite de *coupe-jarrêts!* un autre crie à
l'aristocratie de la peau!..... (8). Et grand Dieu! dans
l'état présent de l'opinion sur notre compte, nous adresser
à la Chambre sans défenseurs qui la prémunissent contre
l'obsession, ce serait nous mettre à la merci des accusa-
teurs d'Urbain Grandier : nous aurions des lois faites sur
le modèle de sa condamnation!.....

C'est alors qu'on aurait à reprocher à ceux qui s'im-
proviseraient nos mandataires, le vice de leur mandat.
On n'y manquerait pas, M. de Tracy le premier, lui à
qui nous pouvons, à notre tour, demander si son éternelle
intervention dans nos affaires est de *droit divin?*... Qu'il
nous dise encore de quel accueil il serait gratifié, par un
département dans les affaires intimes et locales duquel
il viendrait se jeter avec autant d'acerbe et de préventions qu'il en met dans les nôtres?

Ecartez donc tous ces moyens inconstitutionnels de
représenter les malheureuses Colonies; ils sont peu parlementaires, en ce qu'ils donnent à tous, dans la Chambre,
le droit d'attaquer, et à personne mission de défendre.
Ce n'est pas là le caractère impartial et désintéressé que
l'on doit imprimer aux mesures législatives prises au nom
d'une grande et généreuse nation? Les passions de tout
genre, les secrètes spéculations de la haîne, et les erreurs
même de la bonne foi ignorante, auxquelles on donne
ainsi carrière, ressemblent vraiment trop peu au recueil-
lement religieux, à l'impartiale et scrupuleuse investigation des faits, qui doivent présider aux travaux importans
de la législature.

Combien ne devons-nous pas trembler de voir éclore nos lois au milieu de la désertion de notre cause ! Avec quelle force ne devons-nous pas protester contre une législation annoncée au bruit des malédictions!... contre une législation toute *particulière*, en effet, car elle s'opère à l'insu des administrés !...

Voilà ce que nous avons à attendre d'un parti farouche et inconsidéré qui, l'hypocrisie au front et le mensonge à la bouche, se rue sur la Chambre, séduit, entraîne quelques esprits ardens et avides de célébrité. Ceux-ci proposent et disposent ; le reste s'abstient... et nous sommes condamnés!... oui condamnés! Pas de condamnation plus odieuse, plus terrible et plus réelle, en effet, que celle que prononce contre la société, qu'elle enchaîne, une législation faite en haîne des personnes ! Mais que disons-nous?... c'est bien pis qu'une condamnation! c'est le poison de tout l'avenir, c'est peut-être aussi le tocsin précurseur d'une immense destruction !

Ah! souffrez plutôt une représentation légale qui, du moins, vous rendra le service de soumettre à votre jugement quelques échantillons d'hommes que vous méconnaissez. Prenez garde encore qu'en vous poussant au mépris de nos droits, l'on ne trahisse la France elle-même : il est une affinité réelle entre ses intérêts et les nôtres.

Ouvrez les yeux, et vous verrez qu'il y a de l'anglais, beaucoup plus d'anglais que vous ne le pensez sans doute, dans ces perfides déclamations qui poursuivent avec tant d'acharnement les colons et leurs actes. Voulez-vous un exemple frappant de la sincérité des démonstrations, du caractère et des intentions de nos zoïles? prenons-le dans la conduite de l'un des principaux membres de la cabale anti-coloniale. Il servira à vous donner la mesure de la bonne foi des autres. Par le connu à l'inconnu, la démonstration devient mathématique.

Qu'on se souvienne donc des discours emphatiques, des propositions exagérées de cet ancien questeur de la Chambre, qu'une si grande *négrophilomanie* emportait naguères dans les hautes régions de l'humanité!...; il répandait d'abondantes larmes sur le sort de l'Africain que la traite arrachait *aux douceurs de la patrie* pour le livrer *aux abominations des Antilles!*..... *Delenda erat Carthago!*.....

Eh bien! lorsque l'on s'attendrissait aux accens de sa voix, aux douceurs de sa vertu ultra-humaine, et qu'on s'ameutait autour de lui contre les colons absens et calomniés,. il n'y avait que du bien-joué de la part de ce négociant philosophe!... Moins humain sans doute que sordide, M. Lainé de Villevêque avait déjà dans la tête son projet de colonisation. Il cherchait adroitement à le débarrasser de la rivalité des Antilles hospitalières; et appelant de tous ses vœux, de tous ses votes, leur anéantissement, il s'assurait l'infernal avantage d'asseoir plus sûrement d'exécrables profits sur l'exemption de toute concurrence avec les marécages de Goazalcoaco. Et quels étaient ceux qui devaient être appelés à fertiliser de leurs sueurs et de leurs cadavres ce sol infect et destructeur ? des antropophages, des nègres ?.... On ne l'eût peut-être pas souffert !..... C'étaient des blancs, des Français que la misère et l'abandon mettaient aux prises avec l'astuce du spéculateur avide qui, marchandant leur liberté et leur vie à la lueur de quelques avantages, préparait des dupes et des victimes au veau d'or !

Plus d'un journal a déjà servi d'écho aux rives de

Goazalcoaco..... Où sont les philanthropes qui pour-suivent cette traite d'une nouvelle espèce (9) ?

Nec pluribus impar. L'organe du parti mulâtre n'est pas plus franc dans ses insinuations ; quels que soient ses griefs personnels, de quelque désir de vengeance qu'il puisse être transporté, c'est un crime que d'entraîner son parti dans les voies de sa vengeance personnelle ; c'est un crime que d'armer la mère patrie contre ses fils, pour un motif aussi bas que celui d'une satisfaction individuelle.

Si l'or de l'Angleterre avait soudoyé les chefs de la cabale ; si le poison de sa politique s'était infiltré dans le cœur de nos détracteurs, l'Angleterre ne serait pas mieux servie dans ses projets favoris, ceux d'ensevelir le commerce et la marine de la France sous les ruines de ses Colonies (10).

La providence, qui nous protége encore en dépit des hommes, réservait, comme à tant d'autres, à l'auteur de la brochure du 12 décembre 1830, de se trahir dans l'énivrement du succès. L'égoïsme et l'hypocrisie y tré-buchent enfin à tous les yeux. Ce n'est rien que d'avoir fait imprimer sous l'influence du machiavélisme anglais les maximes les plus subversives de nos Colonies (11). Ce n'est rien, si vous le voulez encore, que de crier aux Cannibales africains que, dans une émeute générale, l'insurrection serait pour eux le plus saint des de-voirs !.....(12), et qu'un second Villèle, ministre d'un autre Charles X, viendra sans doute consacrer encore une fois le meurtre, le rapt et l'incendie (13).

Mais qu'en France l'esprit national s'assoupisse au point de ne pas sentir l'injure faite à sa dignité, c'est ce qui ne se conçoit plus ! Les parquets aux yeux de lynx, à l'esprit subtil, à la voix de Stentor, dorment donc fatigués de prouesses, pour ne pas reconnaître une injure, un outrage à la France, une attaque enfin à l'ordre établi, dans le fait inoui dont un insolent pamphlétaire se fait gloire publiquement.

Le gouvernement anglais accorde les prérogatives de l'affranchissement à tout esclave qui débarque dans ses possessions ; mesure aussi philantropique que politique (continue-t-on), en ce qu'elle contribue à favoriser la désertion des esclaves des Antilles françaises, qui, n'ayant de la Martinique que sept lieues à passer pour se rendre à Sainte-Lucie, risquent souvent leur vie pour fuir les mauvais traitemens dont ils sont victimes par suite de notre législation actuelle (14) *!*

Qu'est-ce à dire ? que l'Angleterre aura le droit de s'arroger la disposition de la propriété des sujets français ?..... qu'elle fait bien d'embaucher nos esclaves pour se procurer, à nos dépens, les bras qui manquent à ses cultures ?.... qu'elle fomentera impunément chez nous et à la face de la France le trouble, la désertion et la révolte? .... Qu'enfin elle peut compter sur l'assentiment de notre métropole à ce qu'elle la débarrasse une fois pour toutes des colons et des Colonies, en les livrant à des tentations perfides, à des impatiences habilement excitées ?...... Mais, en vérité, c'est tenir la France dans un bien grand mépris de la part de sa rivale !..... Quelle imprudence !.... Nous, plus Français et surtout plus patriotes, nous disons à la France qu'elle n'a aussi qu'un détroit de quelques lieues à franchir pour aller demander compte à l'Anglais, chez lui-même, de tant de perfidies !.... Ce conseil est sans doute plus digne de notre patrie !.... *Nous n'avons pas du sang africain dans les veines !*.....(15).

Aussi, jamais la défense de nos droits particuliers n'ira jusqu'à l'oubli de l'honneur national ; jamais nous ne le compromettrons dans des vues personnelles. Un intérêt distinct peut tendre quelquefois à diviser les élémens et les liens d'une société ; mais le vrai civisme est désintéressé, et sa puissance sur les cœurs qu'il anime ramène bientôt et rattache tout au bien commun.

Une saine politique, d'accord avec le bon sens, nous enseigne que c'est par là surtout que l'homme prouve son aptitude aux droits du citoyen. Quels titres, quels droits méritent ceux au nom desquels M. Bissette s'écarte si impudemment de ces principes ?.....

Voilà le langage que vous tiendraient des députés colons. S'il doit vous importuner, repoussez, vous faites bien, de votre sein des hommes que le mensonge vous signale comme anti-nationaux ; sur les pas de quelques fous, sur les avis de quelques traîtres, insérez au cœur des Colonies le ver rongeur d'une administration incompatible avec leur existence ; froissez à leur égard votre propre constitution, et, pendant que de tels soins vous occuperont, vos établissemens d'outre-mer rouleront vers l'abîme au bord duquel les Anglais viendront en recueillir les débris. Ce sont de ces conquêtes faciles qu'ils savent faire en temps de paix. Que leur ont coûté Sainte-Lucie, Saint-Christophe, l'Ile de France et tant d'autres Colonies ? le soin de compromettre la sûreté des uns aux mains de l'Espagne qui les appèle comme protecteurs ; celui d'imposer le sacrifice des autres à la restauration de l'aîné des Bourbons. Et c'est précisément sous l'influence de cette puissance britannique, si avide de Colonies, que l'on vous pousse au dégoût des Colonies.

On demande publiquement aujourd'hui l'émancipation des esclaves, lorsque déjà nos Colonies ont reçu dans l'encouragement aux évasions une plaie dont elles peuvent mourir dans une seule nuit (16) ! On les berce de projets de lois plus extravagans les uns que les autres, lorsque, dans la promulgation de lois téméraires , elles peuvent rencontrer une mort plus lente, mais non moins terrible !.... Qu'on y réfléchisse mûrement ; *la propriété coloniale agit et pense !*.....

Elle n'est pas de celles qui peuvent long-temps flotter dans le vague du provisoire , surtout dans les excitations d'espérances chimériques, sans se mouvoir d'elle-même et courir à la catastrophe. Ne donnez pas aux Colonies une législation complète, indépendante et privée , et tout sera danger pour elles, dans la violation à leur égard des formes constitutionnelles de la Charte. Fiez-vous , livrez-vous aux seules données sur lesquelles on paraît vouloir que vous organisiez une machine aussi délicate, et vos lois ne parviendront qu'au cadavre des Colonies !.....

Opposez-vous donc, Français loyaux auxquels s'adressent d'autres Français malheureux , à ce que vos compatriotes d'outre-mer soient victimes du mépris fait à leur égard d'une constitution que vous avez étendue sur eux. Évitez, évitez qu'au sein de votre capitale , qu'au milieu de la nation modèle, un fait inouï dans les fastes constitutionnels ne se consomme ! un fait qui n'a jamais eu lieu dans le forum de Rome ; un fait dont les places publiques d'Athènes n'ont jamais donné l'exemple ; un fait que proscrivent toutes les législations du monde et que la civilisation a voué à l'exécration des peuples.....*Condamner sans entendre !*

Et vous, faiseurs officieux, prenez-garde que ces Colonies, aujourd'hui si légères à votre opinion , ne soient lourdes un jour à vos consciences !..... Le Roi et la Nation vous demanderont compte, bientôt, peut-être, des cinquante mille Français qui les habitent et que vous aurez sacrifiés...... *Redde mihi legiones meas !*...

Ah ! qu'on nous pardonne quelque chaleur dans la défense de notre cause, il y va de la fortune et de la vie ; il y va aussi de l'honneur et de l'intérêt de la France. Voilà surtout ce qui prête à notre voix des accens inaccoutumés, comme à nos cœurs de plus véhémentes vibrations. Que ne veut-on les connaître ces cœurs !.... Ils sont pleins des sympathies nationales, tour à tour joyeux des triomphes de juillet et tristes du deuil de Varsovie !....

Que la Chambre des députés écoute sans impatience nos plaintes quelqu'amères qu'elles soient.... N'a-t-elle pas entendu les menaces et les malédictions dont on a chargé notre avenir ! Si le sénat de Rome, grave et majestueux, parut aux envoyés de Pyrrhus une assemblée de rois, c'est que le sénat de Rome laissa lire sur ses traits cette première vertu des rois qui accueille et récompense la vérité.

Et d'ailleurs que faisons-nous ici, sinon de protester de notre dévouement à la mère-patrie ? Placés comme nous le sommes aux avant-postes du champ présumé des premiers événemens maritimes, il est de l'intérêt de la France que nous sentions notre importance et l'utilité dont nous sommes pour elle. Non, ce n'est point au moment où la vaste Amérique, libre enfin du monopole de l'Espagne, ouvre son sein fécond à l'industrie du monde entier, que la France pourrait perdre ses Colonies occidentales sans les plus graves inconvéniens ; ce sont des points maritimes installés, comme par un calcul spécial, sur les côtes mêmes du nouveau continent.

Si les Anglais affectent une sorte d'insouciance à cet

égard, cette insouciance n'est que le masque trompeur
dont leur politique se couvre ordinairement. Les Anglais
sont-ils donc d'ailleurs devenus tout d'un coup des amis
si francs et si sincères qu'il faille vivre avec eux comme
s'ils ne pouvaient jamais devenir nos ennemis ? Ils cherchent par de fallacieuses démonstrations dans leurs Colonies à vous entraîner dans une erreur qu'ils exploite-
ront bientôt. Prenez-garde d'en revenir trop tard, et
lorsque déjà leur jalouse et sordide rivalité nous aurait
interdit, dans le golfe américain, le commerce des nouvelles républiques.

Sachez, comme eux, que dans la paix, sans Colonies
occidentales prospères et tranquilles, plus de magasins
pour la France, plus d'entrepôts favorables au négoce du
Nouveau-Monde ; magasins et entrepôts si heureusement
placés !.....

Sachez, comme eux, que dans la guerre, et elle peut
d'un moment à l'autre s'allumer au choc des intérêts
opposés des nations, sans Colonies occidentales encore ,
plus de position militaire pour la France sur le terrain
de la lutte. Qu'elle vienne à les perdre en effet, et les
clefs du Méxique, du Pérou, du Paraguay, de toute la
Côte-Ferme tombent de ses mains. Ainsi expulsée de ses
postes d'observations, la France demeurerait seule, entre
tous les concurrens, privée des ports de refuge et de ra-
vitaillement, à dix-huit cents lieues du théâtre des événemens, lorsque ses rivaux, au contraire, auraient sur
les lieux, dans l'archipel même, des magasins , des arse-
naux et toute une population de nationaux en réserve
derrière eux !!.....

Voilà l'œuvre que veulent consommer et ceux qui pro-
clament imprudemment leurs opinions anti-coloniales,

et ceux qui impriment des appels à l'émancipation et à l'évasion de nos esclaves, d'après l'exemple et sous la haute protection de l'Angleterre.

Voilà précisément ce que nous voudrions aider à empêcher, et dans nos intérêts et dans ceux de la mère-patrie. Nous n'y parviendrons efficacement que lorsque nous aurons atteint le but de cette pétition :

Une représentation réelle et légale des Colonies dans la Chambre des députés. C'est ce que les colons demandent, en se fondant sur l'article 64 de la Charte constitutionnelle.

L. CICÉRON, AVOCAT.

Saint-Pierre-Martinique, 1er *janvier* 1832.

NOTES ET MÉLANGES

AVEC UN COURT APERÇU VÉRIDI-COMIQUE

DE LA CONDUITE SPÉCULATICO-LIBÉRALE,

TENUE A LA MARTINIQUE EN 1831,

PAR LES SIEURS BOITEL ET DUQUÊNE,

LE PREMIER, SECRÉTAIRE-ARCHIVISTE DE LA COLONIE;

LE SECOND, JUGE D'INSTRUCTION, FAUTE D'AUTRE, C'EST-A-DIRE PAR INTERIM,
AU FORT-ROYAL.

1

Tel est, en effet, l'engouement de quelques-uns pour tout ce qui tient à un certain parti, que nous ne désespérons pas d'entendre un jour voter un culte aux fétiches d'Afrique. Vive la pluralité des cultes!.... M. de T... sera le grand *mamamouchi* de celui-ci; Bissette et consorts en seront les sectaires.. N'en riez pas.... *l'impossible est rayé du Dictionnaire français.* Mais le temple? le temple?.... Pourquoi pas Saint-Germain-l'Auxerrois?..... Le voilà sauvé, ce vénérable monument, mieux que n'aurait pu le faire son gracieux et éloquent défenseur. Alors donc, le grand-sacrificateur, le temple, de nombreux prosélites, que manquera-t-il encore?.... Des victimes? Nous voici!.....

2

Le Moniteur du 11 septembre dernier est venu jusqu'ici nous apprendre que M. de Tracy, nommé membre de la commission chargée du travail préparatoire à l'organisation des colonies, a

3

emporté le chat, et, pour avoir barre sur ladite commission, s'est présenté tout essouflé à celle de la Chambre avec un petit projet de sa façon..... Il n'est rien moins que badin le Moniteur; il faut qu'il y ait quelque chose de vrai dans ce qu'il annonce, et alors :

> » Vive dom Escobar, et combien c'est à tort,
> » Qu'on a porté son deuil quand il n'était pas mort !

3

Demandez plutôt au bon M. de St.-H..... Nous avons ouï dire que l'on avait chassé de Saint-Germain-l'Auxerrois des vieillards, des femmes, des enfans ; *on a bien fait*, ils profanaient le temple saint ; ils y jouaient à la restauration comme à la Porte-St.-Martin, ou comme des bambins y auraient joué à l'école !... Mais que de temples en France d'où les véritables vendeurs n'ont point été chassés ! Tenez, demandez-le plutôt encore au bon M. de St.-H..., fauteuil vivant de tous les ministères possibles ; il a pris l'habitude du meuble avec lequel il s'est identifié. *Il tend les bras à tous les partis*, à toutes les couleurs, à tous les gouvernemens. L'excellent caractère qu'il a là, notre amé, féal et digne M. de St.-H..! Nous comptons bien aussi que pour prix d'un service *si assidu*, il aura une *retraite* honorable dans le garde-meuble !..... Qu'on n'oublie pas, surtout, d'aller l'y épousseter de temps en temps, il le mérite, en conscience....

4

Hélas ! nous y tenons un peu plus que le peuple belge, et l'on ne tient pas plus à nous qu'à lui. L'on souffrira qu'avant peu nous ayons aussi un pensionnaire de l'Angleterre pour vice-roi ou gouverneur ; et alors, bon gré malgré, il faudra bien que nous tâchions, avec nos soixante mille barriques de sucre, de prendre celui-là par la douceur.

5

Que la guerre se déclare en effet avec l'Angleterre ou toute autre puissance maritime, que quelque chose d'approchant le système continental soit réveillé des souvenirs de l'empire, et l'on verra si, dans la terreur que produira l'une de ces ombres phénomènes du grand passé, il y aura quelqu'un pour songer seulement aux malheureuses Colonies!.... Parbleu, oui, ce sera à qui fermera les yeux le plus fort.

6

Les orateurs du Tribunat ont vu différemment les choses que M. de Tracy. Ils ont écarté de la couche du malade le *médecin* qui pouvait avoir à-la-fois *tant d'empire sur l'esprit du mori-bond pour obtenir, et si peu sur le sien propre après avoir obtenu !* (art. 909 du Code civil ; arrêt Castaing). Mais aussi, c'était du temps de Napoléon !.... *Irreparabile tempus !* Certes, quand il s'agit *d'esclaves*, c'est-à-dire *d'Africains enclins à empoison-ner, même en manière de passe-temps*, ce n'est pas le cas d'ap-pliquer la maxime : *Tentare non nocet !*..... M. de Tracy y aurait regardé à deux fois, s'il était exposé à trinquer avec nous.... quand ce sont des nègres qui versent à boire !...

7

Ce qu'on appelle aujourd'hui *patronés*, on l'appelait méta-phoriquement *libres de savannes*, c'est-à-dire, nègres ou mu-lâtres jouissant d'une liberté de fait, sans titre légal obtenu du gouvernement, comme les animaux dans les bois. Que voulez-vous y faire, les figures sont filles du Midi ? Or, libres de sa-vannes donc, on les envoyait paître dans les savannes ; car M. Sébastiani, à force de zèle et de soin à s'instruire dans les choses coloniales, est parvenu à savoir que chez nous savanne veut dire prairie ; de là cette conséquence logique et profonde : on parquait les libres de savannes comme des ânes, des bœufs, des mulets, etc. Qu'on fasse donc à M. Sébastiani le reproche de ne rien savoir sur les Colonies !....

8

Hourra donc sur les coupé-jarrets qu'on cherche à faire assas-siner, empoisonner et rôtir ! *sur les aristocrates de la peau qui* le sont beaucoup moins de cœur que tant d'autres !... M. de Laborde sera bien étonné d'apprendre que, lorsqu'il sera parvenu à détruire celle-là, nous en aurons une autre toute prête en réserve, *l'aristocratie de l'odeur !* .... Mais continuons avec ces messieurs : hourra sur les voleurs de grands chemins auxquels on cherche à voler des droits acquis !.... Un voleur qui vole l'autre, le diable s'en rit !.... Tout à votre aise, aujourd'hui, n'est-ce pas, Messieurs !.... Oui ; mais, « M. Truguet, si vous » étiez venu en Égypte nous prêcher la liberté des noirs, nous » vous eussions pendu au haut d'un mat !.... »

(*Napoléon, Mémoires sur le Consulat, page 116.*)

Nous en frémissons ! Quoi ? *dans ce temps là c'eût donc été ainsi ?* Quoi ? pendu, L. S. T. B., et vous surtout, noble comte de Santo-Domingo, vous qui avez un nom si malheureusement heureux pour écrire contre les Colonies ? Mille fois pardon, si, pour vous répondre, nous ne brochons pas sur vélin un mémoire *ad hoc*, ayant pour suscription : *A M. le comte de Santo-Domingo, le marquis de la Martinica !* .... Ce n'est pas l'embarras du titre, depuis la loi nouvelle nous sommes à notre aise là-dessus ; et puis, dans la question coloniale, où tout le monde est aveugle, *un marquis ou un comte borgnes* peuvent bien être rois.... Mais comme vous n'avez pas affirmé en présence des parties votre procès-verbal d'espionage, ainsi que vous auriez dû en prendre l'habitude lorsque vous étiez douannier à la Martinique, un sourire de pitié, dans ces notes, en passant, est tout ce que vous aurez de nous !....

Or donc, page 32 de sa rapsodie sur l'*Épiderme et la Vertu*, le noble comte apprend que l'on a *muré le cachot dans lequel on avait enfermé un nègre condamné à mourir d'inanition ; que le prisonnier s'étant pendant vingt jours nourri avec.... étonna plutôt qu'il n'attendrit son bourreau, qui lui laissa la vie.* On a dû s'étonner à juste titre de cette conservation pendant vingt jours, dans un cachot muré, privé d'air !.... M. Apert n'a pas de miracles que l'on puisse comparer à l'historiette du noble comte ! Ce n'est pas tout ; nous concevons ce que ce nègre aurait pu *faire* s'il avait mangé de la filasse ou de l'étoupe ; mais ne mangeant rien, du moins dans les douze ou quinze derniers jours, nous ne voyons plus ce qu'il a pu *faire* pour manger !.... Un homme dévoué comme Santo-Domingo doit en faire l'expérience devant témoins pour persuader ses lecteurs... Nous mettrons notre crédulité à ce prix.

Mais, bagatelle! On a aussi, sous ses yeux, *fait écarteler des nègres par des bœufs!* .... Étrange manière pour aller vite quand on a *des nègres* à écarteler et la patience de Santo-Domingo à lasser ! .... et, le croira-t-on, ces crimes qui épouvanteraient la férocité des tigres, ont été commis par deux femmes? Il ne les nomme point, pas si bête; la calomnie n'a que des ministres sans responsabilité; mais il nous les dépeint : la première, celle qui laisse la vie au nègre *caco-génophage*, *est un monstre femelle!* l'autre, qui s'est divertie à *faire écarteler des nègres par des bœufs*, *une femme aussi distinguée par son esprit que par l'élégance de ses manières*.... Quelle partialité! mais doucement, il y a mieux que cela.... Santo-Domingo déclare qu'il a *connu ces deux femmes;* l'ordre dans lequel il raconte les faits et rend ses deux jugemens explique la différence qui existe dans son opinion. L'infidèle, il avait quitté la première pour connaître l'autre...., et ses souvénirs l'ont reporté au temps des amours, des préférences et des partialités *pour la dernière!*.... Mais il a, selon lui-même, connu ces faits depuis long-temps, car il y a déjà long-temps que Santo-Domingo était douanier à la Martinique; or, quand on a *connu* des femmes aussi barbares, qu'on a *connu leurs crimes*, qu'on les *a tus* pendant dix ans...., on est bien près d'avoir été leur complice !...

Mais non, Santo-Domingo vaut mieux que ce qu'il veut paraître; il outre un peu le caractère mélodramatique d'un Faublas de la gabelle. En vain recommande-t-il ce qu'il raconte par sa qualité d'expert-espion, comme douanier (car il prouve qu'il est de malheureuses exceptions à la manière honorable dont les officiers de cette administration remplissent leurs fonctions), nous nous expliquons les choses. Non, *Santo-Domingo n'est pas coupable de complicité ni de non-révélation*..... Dans ses factions nocturnes, à l'affût de la contrebande, il aura dormi et rêvé ce qu'il raconte... Il en est des crimes dont il parle, comme des bonnes fortunes auxquelles il veut faire croire...

Qu'il y prenne garde, d'ailleurs, *qui semel peccavit rursum peccare censetur...* qui a menti une fois doit toujours avoir menti... C'est justement ce qu'a fait le noble comte lorsqu'il *porte à deux mille francs* l'indemnité accordée au propriétaire des nègres justiciés, tandis que cette indemnité n'est que de 1,111 francs 11 centimes... Mais il avait besoin du premier taux pour appuyer son accusation contre les colons de livrer et faire condamner eux-mêmes leurs esclaves. Pauvre Santo-Domingo! le gouvernement, qui n'est pas généreux, et c'est là son moindre défaut, aurait-il créé l'indemnité si la faiblesse, l'affection ou toute autre cause chez les colons ne les avait constamment portés à protéger, même leurs esclaves coupables, contre la juste sévérité des tribunaux? Du reste, il en est après comme il en était avant, mis à part les sentimens du cœur qu'on nous refuse, le chiffre parle : l'indemnité est de 1,111 francs 11 centimes, et la valeur d'un nègre d'atelier est au moins de 3,000 francs pour son maître!... Mais calomniez, calomniez, il en restera toujours quelque chose!... En fait-on accroire dans ce but à la France! en conte-t-on encore à la Chambre! Décidément ces farceurs de Romains ont dû avoir la même habitude de chercher à mystifier leur sénat, pour qu'il leur soit venu à la tête de léguer à tous les corps délibérans la dénomination de *pères-conscrits*!

9

Celui-là, par exemple, ne fait que prendre sa belle revanche. Certaine chronique lui prête une origine qui explique comment il a pu trouver mauvais que l'on fit la traite des noirs, et rien de mal à faire, lui, la traite des blancs pour Goazalcoaco. *Par pari refertur.*   (*Gazette des Tribunaux, du* 22 *septembre* 1831.)

10

Il pourrait fort bien se faire, en effet, que nos antagonistes fussent vendus à l'Angleterre!... car, *sans guinée* point de nègres et de mulâtres.

11

Ils ont de belles Colonies occidentales, les Anglais! Comment donc, ils les ont presque toutes! la Grenade, la Barbade, la Jamaïque, Antigues, Sainte-Lucie, etc., etc., etc. C'est parce qu'ici ils jouent en roués , et nous en dupes. Ils mettent au jeu de la réforme deux mauvaises petites Colonies de conquête, dont, en dépit de tout , les malheureux habitans sont demeurés Français , contre la Martinique et la Guadeloupe : à qui *perd gagne*. Pas de sottises, c'est-à-dire d'essais, qu'ils ne fassent à Sainte-Lucie , par exemple, dont l'extrême voisinage de nous prête à la contagion. Une ordonnance toute récente y oblige les propriétaires à donner à leurs esclaves des *habits*, des robes , des bas , des souliers..... Cela dans un pays chaud, où ceux qui sont obligés de se chausser seraient tentés d'aller pieds nus !... Aussi dit-on que les nègres sont venus rendre la chaussure à leurs maîtres, sur le motif qu'elle leur donnait des cors aux pieds.... N'importe, le miroir a déjà dû rendre avec sa fidélité ordinaire cette nouvelle grimace britannique.

A propos de grimace. Le singe d'un hôtel avait pris l'habitude de s'introduire dans les appartemens d'un locataire du voisinage. Il y répétait exactement tout ce que vingt fois il avait vu faire à un homme à sa toilette ; mais ce n'était pas sans ébrécher les rasoirs, chiffonner et déchirer le linge. Que faire pour se débarrasser de cet hôte incommode sans se brouiller avec un voisin puissant ? Une idée lumineuse. Point d'intervention armée ; que le singe se perde lui-même... On se met donc à sa toilette, et, à la vue du singe qui , perché sur un toit voisin , examine tout sans perdre un geste, on feint à plusieurs reprises de se couper le cou... Le malencontreux imitateur se prit au piége, et périt victime de la ruse de son antagoniste.....

L'Angleterre, c'est l'homme qui feint, aux Colonies, de se couper la gorge ; le singe, c'est la France, qui se la coupe réellement.

12

On croirait à peine à l'impunité d'une semblable provocation au renversement de l'ordre établi par des lois existantes, si , depuis plus d'un an , sans trouble pour l'auteur, la page 13 du mémoire signé Bissette , et daté du 12 décembre 1830, ne contenait cet appel formel à nos esclaves, de se livrer à la fuite chez l'étranger ou à la révolte chez nous. Voilà comme on protége les Colonies. Adressez-en le demi-quart aux ouvriers en France , et vous m'en direz des nouvelles.

Notez bien qu'apres de tels mouvemens oratoires , M. Bissette déclare, à la page 29 de son écrit, qu'un profond ressentiment est détruit dans son cœur. Oui, croyez-y donc !

Le seigneur Jupiter sait dorer la pilule!.... Peste ! à quoi pourrait tendre de pire ce ressentiment, s'il n'était pas appaisé ?.

Ne nous étonnons plus d'avoir été incendiés en février dernier ! .... Ne nous étonnons plus .... mais non , *sufficit ;* ne fouillons pas dans les cendres.... Seulement, nous pouvons faire remarquer que l'écrit en question , imprimé et publié dans la métropole *le* 12 *décembre* 1830 , est arrivé ici *le* 20 *janvier* 1831 , et que nous avons eu à combattre l'incendie et la révolte *le* 9 *février suivant.* Disons encore que M. S... aurait eu de la peine *à persuader à M. Dupotet,* quelque prévenu en sa faveur et contre nous que ce dernier pût être, qu'en février 1831 , les blancs s'incendiaient eux-mêmes , se ruinaient à plaisir , pour incriminer la caste innocente au nom de laquelle M. Bissette jettait probablement *les dernières flammes de son ressentiment éteint, si M. Dupotet avait été, peut-être comme M. J..., l'un de ceux parmi lesquels avait circulé le pamphlet du* 12 *décembre* 1830 , *signé Bissette....* Décidément et à tout prix , M. Bissette veut être *remarqué!*

13

Ce n'est là que la paraphrase de la reconnaissance de l'indépendance de St.-Domingue par Charles X et son ministre Villèle. Les *sieurs* Haïtiens ne se sont pas montrés *si forts en reconnaissance que M. de Villèle.*

14

Ce passage est transcrit de la page 21 du même opuscule signé Bissette ; en effet, elle est joliment philantropique et politique la mesure par laquelle l'Angleterre tente les malheureux nègres à risquer leur vie avec d'affreuses chances , pour une liberté à *Sierra Leone* ou un enrôlement quasi-volontaire dans les *Black-men* de sa majesté britannique ? Nous ne savons pas au juste combien on vend de pareilles sottises à Bissette.... N'importe , nous risquons le mot.... c'est trop cher ; il n'appartenait peut-être qu'au sieur Bissette de payer, pour faire siens, des sentimens aussi peu français !

15

Voilà probablement le grand avantage auquel tend la fusion des castes aux Colonies, tant préconisée par les faiseurs du jour : on fera une loi pénale contre les répugnances qu'inspire une odeur très-prononcée et des formes hideuses, on commandera despotiquement au goût et au tempérament; la fine ordonnance est là, et les conséquences logiques à la S.... Il y a aux Colonies des libertins qui s'adonnent à un commerce intime avec les négresses! donc les hommes délicats doivent les prendre pour épouses ; donc les pères de famille doivent donner aux nègres leurs filles en mariage ! Oui, s'il s'agissait de restreindre la chose aux Colonies.... s'il ne s'agissait que des Colonies, de ces pauvres Colonies, à la bonne heure ! ... l'idée d'une observation ne nous viendrait même pas !.... Mais la Métropole, sans cesse en contact avec ses possessions d'outre-mer, et déjà prédisposée à la contagion par les idées du jour, participera nécessairement aux alliances avec la race africaine. Voyons un peu quel effet produira ce mélange ; en espère-t-elle un perfectionnement intellectuel? car il faut toujours un but d'utilité incontestable aux grandes mesures perturbatrices des longs usages. ... Mais tous les peuples de la terre, inventeurs ou imitateurs tour à tour, ont atteint à un degré plus ou moins élevé de civilisation ; ils ont même, au moment de leur découverte, offert des traces profondes d'arts industriels et des indices certains d'une société constituée, aux premiers regards de l'investigation européenne. Les Incas, en Amérique, ont donné à Pizarre une noble hospitalité sous des lambris ciselés, et les Cordilières portent sur leurs cimes les ruines séculaires de villes régulièrement fortifiées ! Où en sont encore aujourd'hui l'Afrique proprement dite, la Guinée et ses nègres? A exposer leur nudité aux regards des voyageurs et à se manger entre eux !....

La question est donc de savoir lequel des deux sangs primera dans le mélange, du sang qui a rempli de grands hommes le Panthéon européen, ou de la lymphe abrutissante de l'Afrique ?

O vous, jeunes et belles compatriotes ! aimables Françaises de la Métropole, que deviendront, dites-le-nous, ces teints rosés et blancs, ces yeux bleus et transparens, ces formes sveltes et aëriennes, cette chevelure longue et soyeuse, ces pieds mignons de fée ? Un pareil hymen ira-t-il, destructeur impitoyable du domaine conquis par ordonnance ministérielle sur l'amour, travestir à jamais ces charmes que la nature a faits pour nous, comme elle a modelé la Vénus hotentotte pour d'autres goûts ? Quelles métamorphoses ! .... encore quelques années et les roses de la pudeur ne s'épanouiront plus au front rembruni de la vierge timide, de la fiancée de vos fils !....

16

En effet, nous pourrons bien, grâce aux impressions de Bissette, nous lever un matin sans bras pour nos manufactures, mais au moins avec les deux yeux pour pleurer sur elles (articles 545 du Code civil, 9 et 10 de la Charte). Lisez-les, l'exécution qui en a ainsi lieu à notre égard, est assez plaisante..... *à la façon de Barbarie.*

Mais revenons à notre mouton, il ne nous rappèle pas mal le mouton enragé de M. Magallon ; donc, pour justifier les mesures par lesquelles l'Angleterre supplée sans façon la France dans la disposition des intérêts d'un si grand nombre de Français, M. Bissette écrit, toujours page 21 : *Que les nègres ne fuient que pour se soustraire aux rigueurs de notre législation actuelle !* Eh ! bon Dieu, les premiers à émigrer sont nos domestiques les plus choyés, qui s'empressent d'aller établir à Ste.-Lucie le luxe que nous leur permettons chez nous à nos dépens. Ce sont ceux-là aussi qui abusent d'abord, par le vol, d'une confiance qui témoigne de nos bons procédés pour eux !....

N'en déplaise aux plus criards, la domesticité est une nécessité sociale ; elle existe en France, dure comme ailleurs, plus pénible que dans nos climats doux et clémens. Oui, n'en déplaise aux criards, l'esclave sous la domination paternelle, intéressée, si l'on veut, des colons, ne subit que la plus douce des domesticités. C'est à ce point, qu'aux regards d'un observateur célèbre, l'abbé Dillon, qui pour n'avoir pas eu les cent yeux *d'un Argus de douane*, comme M. le comte de Santo-Domingo, n'en voyait que mieux peut-être.

« Le nègre jouit de toute la masse de bonheur que comporte
» ses facultés morales, et il serait impossible de lui en départir
» une portion plus grande ! »

Or, abstraction faite des belles théories du civisme, de l'éga-
lité des hommes et des conditions, tous les jours démenties sur le
globe entier, où l'on prêche beaucoup plus de principe que
d'exemple, si le nègre pouvait aller et comparer !... il recule-
rait devant la part qui serait faite à ses facultés, même dans la
doctrine de Saint-Simon ! Il fuirait vers nous à l'aspect de vos
paysans nécessiteux et rebutés !.... il aurait surtout pitié de
ces valets dorés, faméliques pensionnaires du régime des pois
blancs au sel et du pain noir !....

Encore un mot sur le pamphlet du 12 décembre 1830, *de ce
pamphlet arrivé ici deux ou trois semaines avant nos incendies.*
A la suite de notes, cela ne tirera pas à conséquence ; et puis,
au bout du compte, nous n'avons point attaqué, défendons-
nous, ... advienne que pourra !

Page 15 : « *L'intérêt étant la seule conscience des colons, c'est*
» *à tort qu'ils se vantent de leur générosité à l'égard des pareils*
» *de Bissette ; ils ne donnent la liberté qu'à de vieux serviteurs*
» *que l'âge a exténués à leur service.* » Il n'y a pas de pays où
l'expérience murisse plus vite l'observation qu'aux Colonies ; il
n'y a qu'à vivre quelque temps avec les pareils de Bissette, pour
être convaincus que nous sommes d'autant plus généreux, que
nous devions nécessairement nous attendre à l'ingratitude.

Il est du reste un fait qui dément cette atroce calomnie, ce
fait est attesté par les gazettes du pays : des milliers d'individus
de tout âge, de tout sexe, de toutes couleurs, y figurent pé-
riodiquement comme ayant obtenu la liberté sur la demande
des blancs. Il existe encore un autre fait non moins constant,
en témoignage duquel d'ailleurs nous appelons les nombreuses
personnes qui ont habité les Colonies : *c'est que jamais un
mendiant ne leur a tendu la main dans nos rues !* .... Pourtant
nous n'avons pas de maison de charité !.... En serait-il donc
ainsi si nos vieux serviteurs ne trouvaient pas chez leurs maîtres
de secourables invalides ?....

Un pari que nous ferions, par exemple, c'est qu'avant peu et
tenant les réformes du jour, nous serions envahis par la mendi-

cité !.... Mendicité qui sera tout entière dans une classe....
dans celle qui, d'un côté, se ruine à entretenir Bissette en France
pour ulcérer les cœurs par l'injure et les provocations, et fermer
les bourses par l'indignation et le mépris qu'il sème ainsi parmi
nous, et, de l'autre côté, fournira *les élus* auxquels on donnera
la *liberté* de mourir de faim !....

Enfin le sieur Bissette, que sans le vouloir nous avons pris par
la queue en parcourant son mémoire, comme s'il se fût agi d'a-
border une bête venimeuse, écrit, ou a fait écrire, pages 7 et 8,
que :

Les premiers colons qui sont venus dans la Colonie étaient
l'écume de la France. Aujourd'hui ce sont, pour la plupart, des
gens sans aveu, des aventuriers. Les premiers blancs-colons
n'étaient que des flibustiers, des boucaniers, des écumeurs de
mer, des va-nu-pieds, des échappés de prison (nous reprenons
haleine, la kirielle est longue), *des hommes flétris par l'opinion,*
des êtres qui échangeaient contre un exil d'outre-mer, les peines
afflictives qu'ils avaient encourues !... etc., etc., etc., etc., etc.

Bien joué. Quand il s'agit de nivèlement, on abaisse les maté-
riaux à la hauteur desquels on n'a pu parvenir.

Ridebis et licet rideas !... Car d'où diable sort-il donc lui-
même, le sieur Bissette ? Mais doucement, n'anticipons pas.
Commençons par trouver assez plaisant que l'on fasse *impuné-*
ment à notre mère France de pareilles confidences sur ses enfans !
Qu'on la fait bonne, cette pauvre France ! depuis la chute de
l'empire et en expiation de sa gloire !... On lui conserve un petit
reste de la dévotion du temps passé. D'abord on lui fait tendre
la joue aux étrangers par charité pour la restauration ; aujour-
d'hui on prête évangéliquement son autre joue à ses nouveaux
citoyens, par égard pour la fusion. Dieu sait si bientôt on ne lui
fera pas présenter son juste-milieu aux révérends pères-fouet-
teurs de la compagnie de Jésus ! par amour pour la paix.

Maintenant nous voilà prêts à rendre justice à la candide
franchise avec laquelle on fait, de la part de Bissette dans ce
mémoire, la guerre à l'origine de tous les peuples. Car, enfin,
concession faite de la partie pour le tout, c'est-à-dire que quelques aventuriers *sont tous les premiers blancs-colons* dont parle
l'auteur, reste comme vérité historique que Romulus et les bri-

gands qui ont fondé Rome ; que Clovis et ses Francs, nos grands-papas, n'ont valu mieux que les premiers blancs-colons, qu'à défaut d'un code pénal dans leur temps !...

Mais voyez jusqu'où va la naïve méchanceté du sieur Bissette ! *Il est mulâtre, il est bâtard;* en ces qualités il participe avec nous de la descendance des va-nu-pieds ; et cela ne l'empêche pas de dire son mot... Fi, comme dit Walter-Scott, du vilain oiseau qui salit son propre nid !... le nid où la négresse, mère ou grand'mère de M. Bissette, déposa l'œuf précieux qu'avaient fécondé les plus libertins et crapuleux, sans doute, des voleurs de grand chemin dont il parle !... et même, n'aurait-il pas un avantage sur nous à cet égard ?... celui de descendre peut-être, à lui-seul, de tous les va-nu-pieds ensemble !...

> *Dis-moi qui tu hantes, je te dirai qui tu es.*

Le terrain des Colonies est décidément usé. Commerce honnête, agriculture, ancienne et munificente hospitalité créole, marty-romanie, tout a été exploité à fond ! Pourquoi Némésis n'a-t-elle pas dit plutôt à MM. Boitel et Hermé Duquêne :

« Croyez moi, renoncez au brevet de martyre !...»

M. Boitel, c'est le même industriel qui naguères, à l'occasion d'un paillasse de cirque, lequel avait donné en pleine représen-tation et avant les inconstitutionnalités du ministère d'Argout, le titre de *sieur à un mulâtre*, se mit tellement en colère, qu'il se rua avec une brigade de gendarmerie sur la population de St.-Pierre. Chose étrange ! lorsque Boitel se fâchait si fort de l'échappatoire du paillasse, cette bonne population, au contraire, protégeait celui-ci au risque de la colère du sire !... *Quantum mutatus ab illo.*

Quoi qu'il en soit, force nous fut de fuir le sabre et les chevaux, à dix heures du soir, dans l'officine du pharmacien du coin, alors heureusement ouverte !... Mais voyez le guignon ! dans cette démarche si pressante et naturelle, M. Boitel vit un nouveau délit ; car il se plaignit plus tard devant la cour d'assises, *de dangers que lui avaient fait courir une foule qui, selon lui, avait été s'armer chez un apothicaire...;* ce qui ne paraîtra peut-être qu'un épisode des aventures de M. de Pourceaugnac, est pourtant historique.

Enfin ce même Boitel, disons-nous,

« Qui depuis... mais alors Montbel était ministre!... crut en avoir assez fait, aristocratiquement parlant, pour aller en France demander à messires Polignac et consorts une récompense proportionnée au caractère qu'il avait développé contre le paillasse.

Il revient, mais hélas! seulement avec la perspective d'une *place à Ste.-Pélagie.* Il ne sait plus où donner de la tête à Paris; des créanciers, dont les titres protestés montent à bord et naviguent avec lui!... à la Martinique, des créanciers au-devant desquels il est contraint de venir!... partout des créanciers!... Oh! il y avait là vraiment de quoi lui donner *des idées noires.*

Bien plus; il doit compte aux gens de couleur, ses anciens ennemis, ses nouveaux amis, d'une somme assez considérable dont, en partant, il les persuada de le charger pour leur mandataire de Paris, Bissette. Or, celui-ci l'a signalé comme n'ayant pas remis le dépôt qu'on lui avait confié... Et les huissiers!....

Pour un homme aux belles manières, comme M. Boitel, un homme qui ne parlait que de sa camaraderie ministérielle; un homme qui disait là tout court: Polignac, Montbel, d'Haussez, etc., et vous offrait même des lettres de recommandation sous cachet volant pour ces illustres personnages; pour un tel homme, disions-nous, aller en prison comme le commun des marytrs de la lettre de change?... Fi donc!...

Les temps avaient changé! Boitel change avec le temps. Sa peau a bientôt pris la teinte des dernières nuances du ciel politique. Il est mulâtre aujourd'hui, d'aristocrate qu'il était hier. Il évoque des souterrains de Ham le génie des coups-d'état!...

D'abord il demande en mariage une jeune et charmante fille de couleur... fleur inodore et partant rare de nos climats.... Mais avec elle il demande une dot de cinquante mille écus!.... pas dégoûté, l'égrillard!... On lui refuse la fille... et la dot enfoncée... Néanmoins, en retour d'un si beau mouvement fusionnaire, le sieur A... de couleur, du Fort-Royal, intervient au protêt de la traite Bissette, et paie pour Boitel. — Et d'une.

Ce n'était pas tout, mais c'était beaucoup. Cette dette *pro ratione personæ,* aurait pu contrarier l'exécution d'un plan plus vaste. Il s'agit bien, en effet, d'épouser une jeune fille! c'est lui,

Boitel, qui va se faire épouser par toute la classe de couleur!...
Comment! les choses en ont été jusqu'à l'enlèvement?...

Mais avant, il invite une demi-douzaine de mulâtres à dîner.
Professions et métiers, pêle-mêle à la table du secrétaire-archiviste du gouvernement. Dans son esprit, la seule qualité de mulâtre comble la distance que l'éducation met partout entre les
différentes classes de la société...

Viennent à présent les créanciers et les recors!... B*** n'est
plus un débiteur de mauvaise foi : poursuivi en recette légitime
par M. D.... qui lui a prêté six mille francs... c'est un philan-
trope courageux que tyrannise le préjugé colonial!... Qu'on le
mette en prison!... il n'en sortira plus que pour aller en France
demander au moins une préfecture! Vous plaisantez? c'est une
victime *de l'aristocratie de la peau!*.....

En attendant, on se cotise à la fin du dîner, rien qui atten-
drisse comme le champagne et la fusion...; on se cotise donc,
et le sieur D.... est payé. — Et de deux.

La farce en est restée là. L'autorité s'en est mêlée; elle est
incommode quelquefois, cette diable d'autorité!... Maintenant,
en fait de jugement, nous recommandons, s'il en est temps encore, à la commission chargée de prononcer sur le sort de Boitel,
la conduite qu'a tenue ici un homme de couleur, le sieur A....

Il a fait en remboursant Bissette, pour dégager notre héros,
son sacrifice à l'idole; mais il refuse son invitation à dîner. A...
est un homme sensé; le rôle d'agitateur n'a pu lui convenir : à
bon chat bon rat. L'odeur de l'office ne l'a pas empêché de sentir la cotisation qui devait terminer le festin. Il n'a voulu goûter
ni les sauces ni les projets du fusionnaire amphytrion. Il eût tout
au plus consenti à recevoir ce dîner à compte de ses avances, si
on le lui eût offert en sac, par l'entremise d'un commis, au lieu
de le lui offrir en ragoût, par l'intermédiaire d'un cuisinier...

Eh bien! c'est à un pareil homme que M. Hermé Duquêne,
magistrat, s'est accolé; c'est à de semblables spéculations qu'il
s'est associé de lui-même, lui que ses fonctions appelaient à les
dénoncer et poursuivre!... Et il trouve notre indignation dé-
placée, et il se venge de cette indignation par la calomnie!...
Un fâcheux destin le pousse donc à l'encontre de tous les char-
latans politiques? Aujourd'hui le voilà aide-de-camp de Coriolan
Bissette!....

Riche et.tenant à une famille distinguée, quelle pouvait être l'arrière-pensée de M. Hermé Duquêne, sinon de s'adjoindre à une spéculation politique et de se garantir du succès par un auxiliaire-expert qu'il crut voir dans M. Boitel!

Fanfaron d'un faux martyre, mais trop jeune encore pour avoir pu démériter d'une société qu'il ne faisait qu'effleurer de son passage, il a supposé que sa jeunesse et son innocence n'attireraient pas sur lui une masse suffisante d'animadversion pour lui procurer les avantages de la situation hasardeuse qu'il ambitionnait. Fatal calcul, qui l'a poussé à emprunter d'un caractère mieux connu une partie des droits que celui-ci s'était acquis au mépris et à la haîne des citoyens. Le malheureux! il n'a pas réfléchi à cela, que seul, entre tant d'employés du gouvernement, *tout aussi vierges de préjugés qu'il se le dit lui-même*, seul il exploitait le terrain glissant et méprisable de l'intrigue!...

Et quels sont ces amis, ces convives vers lesquels *il se sent irrésistiblement entrainé?* Voyons s'il trouve, dans ce dire de sa défense devant le conseil privé de la Martinique, un refuge qui le préserve d'une plus sévère appréciation de sa conduite, devant la commission métropolitaine? L'éducation, les mœurs, la naissance, l'habitude, la reconnaissance, quelques-uns des sentimens et des avantages qui ornent et recommandent la jeunesse des Français, ont-ils pu, chez lui, pressentir quelque affinité dans les amis et convives qu'il s'était choisis? Qu'on en juge. Il est temps, et c'est assez de les nommer et faire connaître, sans prétendre insulter personne, pour que la question reçoive une facile solution :

1º. Thomas, jeune homme de quinze ou seize ans, commis-marchand, mulâtre;

2º. Paul Ulric, garçon chapelier, mulâtre ;

3º. Frappart, père et fils, *id.*   *id.* ;

4º. Léonce,   *id.* ;

5º. Siméon, cordonnier, et de plus chantre de la paroisse, probablement chargé de porter les toasts, nègre.

La plupart enfans naturels.

Gaudeant qui benè nati! Et en effet, il est bien né, M. Duquêne; on le dit descendu, *bien descendu même du grand Duquêne.*